LE PREMIER INSTITUTEUR POPULAIRE DES TEMPS MODERNES

TRIDUUM

EN L'HONNEUR DU

BIENHEUREUX JEAN-BAPTISTE DE LA SALLE

FONDATEUR DE L'INSTITUT DES FRÈRES DES ÉCOLES CHRÉTIENNES

CÉLÉBRÉ A ANGOULÊME, LES 25, 26 ET 27 JUIN 1888

RÉCIT DÉTAILLÉ DES FÊTES

PANÉGYRIQUE DU BIENHEUREUX

PAR

M. L'ABBÉ MARCELLIN MESNARD

Chanoine honoraire

Docteur en Théologie et en Droit Canon

ANGOULÊME

IMPRIMERIE G. CHASSEIGNAC

REMPART DESAIX, 26

M DCCC LXXXVIII

APOTHÉOSE DU BIENHEUREUX DE LA SALLE

FONDATEUR DE L'INSTITUT DES FRÈRES DES ÉCOLES CHRÉTIENNES

Bienheureux de La Salle, priez pour nous !

LE

PREMIER INSTITUTEUR POPULAIRE

DES TEMPS MODERNES

TRIDUUM

EN L'HONNEUR DU

BIENHEUREUX JEAN-BAPTISTE DE LA SALLE

FONDATEUR DE L'INSTITUT DES FRÈRES DES ÉCOLES CHRÉTIENNES

CÉLÉBRÉ A ANGOULÊME, LES 25, 26 ET 27 JUIN 1888

RÉCIT DÉTAILLÉ DES FÊTES

PANÉGYRIQUE DU BIENHEUREUX

PAR

M. L'ABBÉ MARCELLIN MESNARD
Chanoine honoraire
Docteur en Théologie et en Droit Canon

ANGOULÊME
IMPRIMERIE G. CHASSEIGNAC
REMPART DESAIX, 26

M DCCC LXXXVIII

BIOGRAPHIE DU BIENHEUREUX

PROCÈS DE BÉATIFICATION

Le bienheureux Jean-Baptiste de La Salle, fils aîné de Louis de La Salle et de Nicole Moët de Brouillet, naquit à Reims le 30 avril 1651. Sa famille, d'antique noblesse, était originaire du Béarn, et son père avait acheté la charge de conseiller du roi au présidial de Reims. Dès sa plus tendre jeunesse, le serviteur de Dieu forma le dessein de se consacrer au service des autels, et son intelligence vive, son jugement d'une rectitude parfaite, joints à sa précoce vertu, firent concevoir les plus grandes espérances à tous ceux qui l'aimaient. En 1670, il entra au séminaire de Saint-Sulpice, où il fit sa théologie sous l'habile direction du vénérable M. Tronson, et ses maîtres ont pu dire de lui que « jamais il n'y donna à personne un sujet de plainte ». J.-B. de La Salle était déjà tonsuré depuis 1662 et chanoine depuis 1667. La mort de son père l'ayant obligé à revenir auprès de sa famille, c'est à Reims qu'il fut ordonné prêtre, le 9 avril 1678 ; trois ans après, il recevait le bonnet de docteur.

Dès lors, le Bienheureux tourna tous les efforts de son zèle vers l'œuvre de l'éducation des enfants et se prépara à sa future mission. Il était aumônier d'un couvent de religieuses institutrices, lorsque la Providence le mit en rapport avec un homme de bien, M. Nyel, qui, s'étant associé quelques jeunes gens, avait fondé une école pour les enfants du peuple. Le charitable chanoine offrit sa maison à la communauté naissante, et quelque temps après, M. Nyel ayant dû quitter Reims, J.-B. de La Salle se trouva le chef des pieux instituteurs. Il leur avait déjà tracé une règle, il acheva son œuvre, les revêtit de l'humble vêtement qu'ils portent encore aujourd'hui, leur donna le nom de *Frères des Écoles Chrétiennes*, et après avoir distribué son patrimoine aux malheureux, il renonça au brillant avenir qui lui semblait promis, pour se consacrer aux humbles travaux de l'enseignement.

En 1688, nous le trouvons à Paris, où il a été appelé par le curé de Saint-Sulpice et où il fonde successivement plusieurs écoles primaires, une école *dominicale*, à la fois cours d'adultes et œuvre de persévérance, un pensionnat pour les Irlandais, un grand et un petit noviciat, un séminaire pour les instituteurs de la campagne. Les épreuves qui accompagnent toutes les entreprises voulues du ciel et en montrent la sainteté ne manquèrent point à la jeune congrégation. Elles furent nombreuses et de toutes sortes, mais le Bienheureux ne se découragea point, sa confiance en la Providence ne l'abandonna pas, et malgré les obstacles, il poursuivit son chemin. Bientôt, en effet, les Frères des Écoles Chrétiennes sont appelés de toutes parts, et Chartres, Calais, Troyes, Avignon, Grenoble, Versailles, etc., voient de nouvelles fondations. Enfin, en 1705, après l'ouverture, à Rouen, du grand pensionnat et de l'établissement pénitentier de Saint-Yon, J.-B. de La Salle transporte dans cette ville le chef-lieu de sa congrégation.

C'est de là qu'il devait partir pour le ciel. Déjà, il s'était démis de sa charge et obéissait comme un enfant au F. Barthélemy, élu supérieur à sa place. Il s'endormit dans le Seigneur le matin du vendredi-saint, 7 avril 1719, à l'âge de soixante-sept ans onze mois et vingt-trois jours, laissant après lui deux cent soixante-quatorze frères, près de dix mille élèves et vingt-trois maisons.

Si nous voulions résumer en quelques lignes les principaux titres du Bienheureux à la reconnaissance publique, nous dirions : le premier il a fondé un corps de religieux exclusivement voués à l'enseignement ; le premier il a créé des *écoles normales d'instituteurs laïques* (lui en est-on reconnaissant parmi les ennemis des congréganistes ?) ; le premier il a établi, sous le nom d'écoles dominicales, des cours publics et gratuits de lecture, d'écriture, d'arithmétique, de dessin, de comptabilité, d'architecture ; le premier il a organisé *l'enseignement primaire* proprement dit. Le F. Lucard, visiteur de Bordeaux, a fourni dans divers ouvrages d'irrécusables témoignages sur la gloire acquise à cet égard par le fondateur des Frères des Écoles Chrétiennes. Enfin, c'est à lui que nous devons le mode simultané d'enseignement qu'on a vainement cherché à remplacer, et qui reste encore de nos jours le seul en vigueur dans les écoles primaires.

Les terribles catastrophes qui marquèrent la fin du XVIIIe siècle, et le trouble profond qui en résulta, firent différer jusqu'en 1835 les enquêtes canoniques sur la vie et les vertus du Bienheureux. Enfin, le 8 mai 1840, Grégoire XVI lui décerna le titre de *Vénérable* et ordonna de poursuivre le procès de béatification. Plusieurs miracles sont venus attester que le ciel voulait glorifier son serviteur et établir la puissance de son intercession ; qu'il nous suffise de citer la guérison de Mlle Victoire Ferry (Orléans, 1844), celle du F. Adelminien, directeur de la communauté de Saint-Nicolas-des-Champs, à Paris (1868), et la même année celle d'Étienne de Suzanne, enfant de onze ans, fils de M. Henri de Suzanne, conservateur des forêts pour les départements de la Seine-Inférieure et de l'Eure. Ces trois miracles parurent suffisants, et le 19 février 1888 le décret de béatification fut rendu. Nous espérons qu'un jour un titre nouveau viendra augmenter cette gloire, et que le Souverain Pontife, plaçant sur la tête de Jean-Baptiste de La Salle l'auréole des saints, le donnera pour patron aux enfants de ces écoles du peuple pour lesquelles l'humble prêtre a tant souffert et tant travaillé.

LA MESSE DU BIENHEUREUX J.-B. DE LA SALLE

IV MAI

Messe *Justus*, du Commun des Confesseurs non Pontifes. 2e messe.

ORAISON.

O Dieu, qui pour donner l'éducation chrétienne aux pauvres, et pour enseigner la science aux petits enfants, avez suscité le Bienheureux Confesseur Jean-Baptiste, et formé par lui, dans l'Église, une nouvelle famille religieuse : accordez, nous vous en supplions, à ceux qui instruisent l'enfance chrétienne, de suivre toujours ses exemples et d'avancer dans la vertu par son intercession. Par Notre-Seigneur.

SECRÈTE.

Seigneur, sanctifiez les dons qui vous sont offerts, et faites, par l'intercession du Bienheureux Confesseur Jean-Baptiste, que, remplie de fécondité, votre famille reçoive de vos enseignements et de vos grâces un nouvel accroissement. Par Notre-Seigneur.

POSTCOMMUNION.

Fortifiés par le céleste festin, nous vous en supplions, Seigneur, faites que, par les mérites du Bienheureux Jean-Baptiste, nous puisions la bonté, la sagesse et la science dans la plénitude de votre Fils Notre-Seigneur Jésus-Christ, qui vit et règne.

TRIDUUM SOLENNEL

EN L'HONNEUR DU

BIENHEUREUX JEAN-BAPTISTE DE LA SALLE

CÉLÉBRÉ A ANGOULÊME, LES 25, 26 ET 27 JUIN 1888

(Extrait du journal *Le Charentais*)

Angoulême vient de célébrer avec un éclat exceptionnel un Triduum en l'honneur de la béatification du fondateur de l'Institut des Frères des Écoles Chrétiennes, Jean-Baptiste de La Salle.

Tout l'univers connaît aujourd'hui les bienfaits de l'instruction chrétienne et solide donnée dans les établissements des Frères des Écoles Chrétiennes, et dont les enfants du peuple bénéficient largement. Aussi la renommée du bienheureux Jean-Baptiste de La Salle est-elle grande, car celui dont la mère était désignée sous le nom béni de *Providence des pauvres* a été également, toute sa vie, la *Providence* de l'humble, du petit, et ses exemples de dévouement et ses vertus ont perpétué depuis deux siècles les hommes de foi et de sacrifice continuant l'œuvre du Bienheureux, hommes qui, sur tous les points du globe, élèvent la jeunesse dans le respect de Dieu, l'amour du devoir, tout en lui inculquant une instruction sagement graduée pouvant la conduire aux plus hautes situations.

En effet, n'est-elle pas unique, l'instruction reçue sur les bancs des écoles tenues par les Frères des écoles chrétiennes? N'est-elle pas fondamentale? Et nous en avons comme preuves les succès remportés aux examens préparatoires ou professionnels par leurs élèves, l'empressement des familles riches à placer leurs enfants jusqu'à l'âge de douze ans dans leurs pensionnats. Ces familles connaissent l'importance de l'instruction donnée par les Frères; elles savent que ceux qui l'ont reçue tiendront toujours la tête de leurs classes dans les établissements d'instruction secondaire, et l'on peut, à bon droit, appeler pépinière d'hommes d'élite les écoles des Frères des Écoles Chrétiennes.

Que d'officiers, soldats et marins; que d'hommes appartenant aux professions libérales seront de l'avis de celui qui écrit ces lignes! Et soit sur les bancs des Écoles polytechnique, de Saint-Cyr ou centrale, soit sur les bancs des Facultés, nombre d'élèves des Frères ont été heureux de faire appel aux souvenirs de l'instruction qu'ils avaient reçue chez eux.

Et quand on pense qu'un seul homme, par la force de ses vertus, a fondé cet Institut sans rival; quand on voit à l'œuvre ses disciples, ces humbles Frères accueillant avec la même affabilité, avec le même sourire sur les lèvres, et le fils du pauvre, et le fils du riche, et l'enfant de l'ouvrier, et l'enfant du bourgeois ou du noble; quand on connaît l'humilité et le dévouement de ces éducateurs chrétiens, on admire la puissance de cette religion qui les enfante, la force de cette foi qui les soutient, les inépuisables trésors de cette charité chrétienne qui les inspire.

Honneur au bienheureux J.-B. de La Salle! hommages publics à ces Frères sacrifiant leur existence au rude labeur que nous connaissons tous! Et si notre plume est impuissante à les faire connaître et aimer comme ils méritent de l'être, qu'elle contribue pour une petite part à glorifier cet admirable Institut, toujours à la peine, aujourd'hui à l'honneur en la personne du bienheureux J.-B. de La Salle.

Et maintenant parlons des fêtes magnifiques célébrées les 25, 26 et 27 juin 1888.

Les deux premiers jours du Triduum ont été fêtés à l'école libre des Frères, rue Froide.

En raison de l'exiguïté de la chapelle, le vaste préau de l'établissement avait été transformé en un splendide oratoire, décoré avec un goût exquis par des mains aussi pieuses que délicates.

Une magnifique statue du bienheureux J.-B. de La Salle, don de Mgr Sebaux, placée sur un trône, dominait l'assistance et semblait présider aux exercices de piété.

Le Bienheureux est représenté tenant de la main gauche les Règles et Constitutions de l'Institut des Frères, portant la date : 1680. De la main droite, J.-B. de La Salle les désigne; il semble dire : Voilà ce qui est l'âme et la force de l'Institut, ce qui a assuré sa vie, ce qui a fait sa grandeur.

Cette statue est une reproduction de celle qui décore la cour d'entrée de la Maison-Mère des Frères, à Paris, rue Oudinot, et qui est due au ciseau d'Olivera.

Le premier jour, c'est-à-dire le lundi, a eu lieu, dès le matin, la bénédiction de la statue du bienheureux, — dont nous parlons plus haut, — bénédiction suivie d'une messe basse de communion.

Quelques heures après, M. Riffaud, curé de Saint-Martial, chantait la grand'messe, assisté de diacre et sous-diacre.

Le soir, aux vêpres, M. l'abbé Courivault de La Villate, chanoine honoraire, secrétaire général du diocèse d'Angoulême, faisait une instruction. M. l'abbé Courivault de La Villate avait pris pour texte ces paroles de l'Évangile : « Il y eut un homme envoyé de Dieu qui s'appelait Jean; il vint pour rendre témoignage à la vérité. » Cette instruction a été très goûtée par les nombreux fidèles qui s'empressaient à cette cérémonie.

Le mardi matin, messe basse de communion. A neuf heures, grand'messe célébrée par M. l'abbé Sochal, curé de Saint-André, qui, le soir, aux vêpres, prononce l'instruction.

M. l'abbé Sochal avait pris pour texte ces paroles d'Isaïe : « Je l'ai choisi pour être l'éducateur du peuple », et, avec le talent qu'on lui connaît, il a expliqué les caractères de la sainteté, dont le principal est la ressemblance avec Notre-Seigneur Jésus-Christ.

« Notre-Seigneur Jésus-Christ, a-t-il dit, a enseigné et a souffert; ces deux mots résument également la vie du bienheureux Jean-Baptiste de La Salle.

« L'homme est un être enseigné; il a soif de doctrine, et Dieu a été son premier éducateur.

« Il parla aux patriarches, aux prophètes... il envoya son fils. Durant trois années il prêcha aux pauvres; c'est une preuve de sa mission : *Spiritus Domini super me... evangelisare pauperibus misit me*[1]. L'esprit du Seigneur est sur moi... il m'a envoyé prêcher l'Évangile aux pauvres.

« L'Église est fondée avec mission d'instruire, et ce sont les pauvres qui, tout d'abord, profiteront de son enseignement. Les plus grands docteurs s'occupent d'instruire les ignorants et saint Augustin compose un traité à leur intention...

« L'Église fonde des écoles épiscopales, monastiques, paroissiales. L'invasion barbare jeta le trouble dans cette œuvre, sur laquelle, plus tard, les guerres de la prétendue Réforme accumulèrent encore les ruines...

« Aux guerres religieuses succède pour la France une période de calme et de prospérité. C'est le moment que Dieu choisit pour susciter Jean-Baptiste de La Salle.

« Les persécutions n'ont pas manqué au fondateur de l'Institut, et ses disciples héritent également de son zèle, de sa générosité et de la haine des jaloux. »

[1] St Luc, IV, 18.

Puis l'orateur a conclu en parlant de la force de caractère du bienheureux de La Salle et de la source où il puisait son énergie : la religion.

Pendant ces deux jours, le concours des fidèles a été nombreux à la chapelle de la rue Froide, et les Frères ont dû être heureux de l'empressement de notre population à célébrer avec eux les fêtes en l'honneur de leur illustre et saint fondateur.

Le troisième jour a été fêté avec un éclat exceptionnel; toutes les cérémonies ont eu lieu à la cathédrale Saint-Pierre.

La décoration de l'église était artistique : écussons aux armes de Léon XIII, de Mgr Sebaux, de J.-B. de La Salle et de l'Institut des Frères; images du Bienheureux; oriflammes de toutes couleurs, portant les dates principales ayant trait au but de la fête : 1651, 1681, 1719, 1888, naissance de J.-B. de La Salle, fondation de la congrégation, mort et béatification. Le maître-autel, garni de fleurs, était surmonté de la statue du Bienheureux, offerte par Mgr Sebaux. Une immense guirlande de fleurs artificielles entourait la statue.

Le soir, splendide illumination : d'une extrémité à l'autre, l'église était garnie de bougies; chants superbes, musique exquise, tout, en un mot, a été fait pour donner à ces cérémonies le cachet spécial des fêtes grandioses que sait inspirer la piété unie à l'art.

Dès le matin, messe de communion, dite par M. l'abbé Nanglard, vicaire général, si dévoué à l'enseignement chrétien.

Remarqué à cette messe : la communauté des Frères, ayant à sa tête le frère Lucard, visiteur et annaliste de l'Institut.

A neuf heures, messe pontificale chantée en musique. L'auteur, M. l'abbé L. Bisch, en dirige l'exécution avec son talent habituel. En avant, près du chœur, les élèves des écoles des Frères, des institutions libres : sœurs de Sainte-

Marthe, de Notre-Dame des Anges, de Mmes Picoulet, Cantau, Petit-Saint-Romain, etc.

Le collège Saint-Paul occupe le sanctuaire avec une partie des élèves de l'école Saint-Joseph; les autres élèves des Frères sont placés dans les transepts de l'église.

Sitôt l'Évangile, Mgr Sebaux se dirige vers la chaire sacrée et prononce une remarquable homélie.

A l'Offertoire et à la fin de la messe, les chants se font entendre et terminent cette première partie de la fête.

Le soir, à sept heures et demie, impossible de pénétrer dans la cathédrale; une demi-heure avant le commencement de la cérémonie, la vaste nef avait été envahie par la foule, envieuse d'entendre le panégyrique du Bienheureux et d'assister au salut solennel.

Mgr Sebaux présidait. Après le chant du *Magnificat* et l'exécution d'une cantate, M. l'abbé Marcellin Mesnard, chanoine honoraire, monte en chaire et prononce un admirable panégyrique du Bienheureux, dont voici la substance :

« Léon XIII, en proclamant bienheureux Jean-Baptiste de La Salle, le 19 février dernier, a conservé aux regards de l'univers catholique l'humble prêtre, *qui est le premier instituteur populaire des temps modernes* et le fondateur de notre enseignement primaire national.

« Avant de La Salle, l'Église poursuivait activement en France cette mission délicate et sublime d'enseigner l'enfant du peuple. C'est ce qu'établit la critique contemporaine dès son origine et au moyen âge.

« De La Salle vient, aux temps modernes, personnifier l'Église et accomplir, au point de vue de l'instruction du peuple, les réformes et les progrès en rapport avec la nouvelle société française qui se prépare. Il vient au XVIIe siècle. C'est bien l'époque faite pour lui, cette époque de germination, où la tige de l'esprit français produit ces fleurs littéraires qui ne trouveront jamais leurs pareilles en multiplicité, en parfums, en splendeurs.

« De La Salle a sa place parmi tous les génies qui s'assemblent autour de Louis XIV, car de lui dépend la vulgarisation de la langue française, le progrès de l'enseignement populaire. Son rôle se dessine naturellement. C'est l'usage du grand siècle de confier l'instruction des princes, héritiers du trône, aux plus vives lumières du clergé. Dans ce glorieux labeur, Bossuet et Fénelon se succèdent, passant tous les deux à la postérité à cause de cela seul.

« Voici, selon que les appelait Gerson, chancelier de l'Université de Paris, voici « les enfants du roi des rois », les enfants du peuple, tous fils de Dieu, qui attendent leur précepteur en ce siècle fortuné. Qui aura l'honneur d'être choisi ?...

« De La Salle, chanoine de Reims, mandé par Dieu lui-même, put faire l'instruction de ses fils et héritiers, les enfants du peuple. Ce choix lui attire déjà les acclamations de tous les âges postérieurs. Il appartient à l'éternité. Docile à l'appel divin, de La Salle prend dans sa main la chère petite main de l'enfant du peuple et se consacre entièrement à l'école. Quels sont les réformes et les progrès qu'il réalise ? Comment est-il le fondateur de notre enseignement primaire national ? N'est-ce point à cause de l'éducation religieuse qu'il mérite d'être appelé le premier instituteur des enfants du peuple ? »

Il appartenait à l'orateur, qui fait sienne l'œuvre de l'enseignement chrétien et des écoles libres primaires, de prononcer le panégyrique de l'instituteur du peuple par excellence.

M. le chanoine Marcellin Mesnard a pour lui l'autorité nécessaire, acquise par ses études, son dévouement à cette noble cause, sa connaissance du sujet ; aussi a-t-il traité cette question de main de maître, avec le talent de l'écrivain et de l'orateur inspiré par la foi, ses observations personnelles et son admiration pour le bienheureux J.-B. de La Salle.

On ne félicite pas un ministre de Dieu des paroles qu'il fait entendre du haut de la chaire sacrée, on le remercie du bien qu'elles produisent, et ces remerciements sont, pour un prêtre comme M. le chanoine Marcellin Mesnard, plus précieux que toutes les louanges.

Au milieu des épreuves de toutes sortes que traverse l'enseignement chrétien, il est consolant de penser qu'en face du mal se dressent des hommes jeunes et dévoués, dépensant leurs forces sans compter, mettant au service de cette grande cause le fruit de leurs études; ces hommes, ces prêtres, tels que celui dont nous parlons, ont droit à l'admiration de tous, et lorsque, les connaissant, les ayant vus à l'œuvre, ils viennent frapper à la caisse du riche en faveur de l'éducation chrétienne du malheureux, quel est celui qui oserait leur refuser?

La tâche qu'ils ont entreprise n'est-elle pas la plus noble, la plus élevée entre toutes? Et eux-mêmes ne sont-ils pas les dignes successeurs de Jean-Baptiste de La Salle, l'éducateur des enfants du peuple?

Après le magnifique discours de M. le chanoine Marcellin Mesnard, le Salut solennel a été donné par Mgr Sebaux.

Toute la magnificence, toute la pompe des fêtes religieuses ont présidé à ce salut : chants, musique avec le concours dévoué des élèves du grand séminaire, des écoles libres et des artistes de notre ville, sous l'habile direction du maître de chapelle de la cathédrale, M. l'abbé Bisch, qui se dépense avec une énergie égale à son talent; également rendons un légitime hommage à M. Alphonse Lebéfaude, professeur de musique, qui a largement contribué à la partie musicale des cérémonies en tenant l'orgue d'accompagnement; tout, en un mot, a contribué à l'éclat de cette belle fête, qui a clôturé les cérémonies du Triduum.

Les habitants de la ville d'Angoulême, qui se sont rendus en foule aux fêtes données en l'honneur de la béatification du fondateur de l'Institut des Frères des Écoles Chrétiennes, en garderont un éternel souvenir, et en remerciant en leur nom les organisateurs de ces magnifiques cérémonies, je me fais l'écho des sentiments de reconnaissance de la majeure partie de notre population, qui tient en profond respect l'éducateur du peuple par excellence, J.-B. de La Salle, et en haute estime ces hommes si bons, si humbles, si dévoués, continuant à Angoulême l'œuvre de leur illustre fondateur.

UN ANCIEN ÉLÈVE DES FRÈRES.

(Extrait du *Matin charentais.*)

LUNDI.

Selon l'ordre indiqué dans le programme, les cérémonies des deux premiers jours ont eu lieu chez les Frères.

Pour donner plus de place aux fidèles qui tenaient à suivre les divers exercices du Triduum, le vaste préau de l'école avait été transformé en une magnifique chapelle dont la décoration, d'un goût très délicat, portait au recueillement et à la prière.

Malgré ses proportions, trois fois par jour cette chapelle improvisée s'est trouvée beaucoup trop petite pour contenir l'assistance recueillie qui avait à cœur d'honorer le bienheureux fondateur des écoles populaires.

A six heures et demie, ouverture du Triduum. M. Courivault de La Villate bénit la statue du Bienheureux, annonce que Mgr l'Évêque accorde quarante jours d'indulgence à ceux qui viendront prier devant elle, et fait profiter les

assistants de cette première faveur en récitant à haute voix cinq *Pater* et cinq *Ave*.

Il dit ensuite une messe basse, à laquelle communient les élèves des Frères et de plusieurs pensions de la ville, ainsi que les membres des communautés religieuses.

A la grand'messe et aux vêpres, les élèves de l'établissement de Saint-Joseph, secondés par leurs camarades de l'école chrétienne gratuite de Saint-Ausone, ont fait les frais du chant avec un entrain qui a été particulièrement remarqué.

Le premier jour, M. Riffaud, chanoine honoraire, curé de Saint-Martial, a chanté la messe avec diacre et sous-diacre.

A trois heures, après le chant des petites vêpres, M. Courivault de La Villate, chanoine, secrétaire général et aumônier de l'École, monte en chaire. Il prend pour texte de son discours ces paroles de l'évangile selon saint Jean : « Il y eut un homme envoyé de Dieu qui s'appelait Jean ; il vint pour rendre témoignage à la vérité. »

Dans un discours très substantiel et écouté avec une religieuse attention, le prédicateur fait remarquer l'analogie qu'il y a entre le précurseur de Jésus et le rôle de J.-B. de La Salle. Racontant d'une manière pleine d'intérêt la vie du saint, il le représente préludant par une jeunesse exemplaire à la mission qu'il ignorait encore, mais pour laquelle Dieu l'avait prédestiné. Il fait voir ensuite au milieu de quelles épreuves, de quelles injustices, de quelles tracasseries de toutes sortes il fonde son œuvre des écoles populaires.

Il montre son héros repoussant énergiquement les offres séduisantes des partisans de Jansénius, qui espéraient le gagner à leurs erreurs, et pour ne pas trahir la vérité, préférant supporter les persécutions de ses amis, de ses disciples, même de ses supérieurs.

Il termine par quelques conseils pratiques aux enfants et une invocation au Bienheureux.

MARDI.

Le deuxième jour, c'est M. Sochal, curé de Saint-André, qui officie le matin et le soir. Il prend pour texte de son instruction ces paroles d'Isaïe : « Je l'ai choisi pour être l'éducateur du peuple », et les applique à notre saint.

Avec beaucoup de talent, il développe devant ses auditeurs recueillis les caractères de la vraie sainteté, et montre J.-B. de La Salle, comme Jésus-Christ, passant sa vie à enseigner et à souffrir. A l'exemple du divin Maître, la vie de J.-B. de La Salle peut se résumer dans ces mots : humilité, pauvreté, mortification, obéissance, vertus admirables qui font les saints, mais qui sont un mystère incompréhensible pour un grand nombre, dans ce siècle d'égoïsme à outrance.

De La Salle ne connut jamais le découragement; sa confiance en Dieu et la parfaite égalité d'âme furent sa gloire particulière, et après une vie toute vouée à la contradiction et à la souffrance, après avoir été abreuvé d'amertume jusque sur son lit de mort, il rendit son âme à Dieu en prononçant ces paroles : « J'adore en toute chose la conduite de Dieu à mon égard. »

A LA CATHÉDRALE.

Dès le matin du mercredi, la majestueuse sonnerie de l'église Saint-Pierre réveillait la population et lui annonçait la grande solennité à laquelle les deux jours de fête de la chapelle des Frères avaient servi de préparation.

Les oriflammes multicolores, les images du Bienheureux, les écussons aux armes de la Papauté et de Mgr l'Évêque d'Angoulême se mêlent aux armes de la famille de La Salle et de l'Institut des Frères; des inscriptions rappelant les dates de la naissance, de la mort, de la béatification du serviteur de Dieu et de la fondation de l'Institut sont distribuées avec profusion, mais arrangées avec un art qui donne à notre cathédrale un air de fête, sans nuire à la beauté élégante de son architecture. Nous devons rendre aux personnes qui ont présidé à cette ingénieuse décoration le témoignage que jamais elles n'ont été aussi bien inspirées.

Au-dessus du maître-autel, illuminé avec profusion et symétrie, se détache, dans une immense guirlande de fleurs artificielles, la statue de J.-B. de La Salle.

C'est une reproduction de l'œuvre si remarquée du statuaire Olivera, que l'on voit à l'entrée de la Maison-Mère, rue Oudinot, à Paris. Le Bienheureux tient à la main gauche les Règles et Constitutions de l'ordre dont il est le fondateur, et les montre de la main droite à ses disciples.

Cette belle statue a été offerte aux Frères, comme témoignage de bienveillante sympathie, par Mgr l'Évêque d'Angoulême, en souvenir du Triduum solennel célébré à Bordeaux le 15 mai dernier, auquel Sa Grandeur avait bien voulu participer et dont nous avons rendu un compte abrégé dans ce journal.

A six heures, M. l'abbé Nanglard, vicaire général, dont le dévouement à l'œuvre de l'enseignement chrétien est si universellement admiré, a dit la messe de communion, à laquelle assistait la communauté des Frères, ayant à sa tête le frère Lucard, visiteur et annaliste de l'Institut.

La plupart des communautés de la ville étaient représentées à cette réunion, qui se composait, en outre, d'un grand nombre d'enfants des Écoles Chrétiennes et de fidèles. Pendant une demi-heure la sainte communion a été distribuée à la nombreuse assistance, et après la messe tout le monde s'est porté de nouveau à la sainte table, où M. le vicaire général a fait vénérer les reliques du Bienheureux, qu'on avait exposées en avant du sanctuaire, sur un petit autel, au milieu d'un faisceau de lumières et de fleurs.

A neuf heures, Mgr Sebaux fait son entrée solennelle dans la cathédrale, salué par les accords puissants du grand orgue. Sa Grandeur officie pontificalement, assistée de MM. les vicaires généraux et de MM. les membres du chapitre.

Une messe en musique à quatre voix, de la composition de M. l'abbé L. Bisch, est chantée, sous la direction de l'auteur, par les enfants de la maîtrise et des Écoles des Frères, secondés par une délégation du grand séminaire et du collège Saint-Paul.

Nous sommes heureux, à ce propos, de nous faire auprès de l'auteur et des exécutants l'interprète du sentiment d'admiration soulevé par cette œuvre, d'un caractère très élevé.

Après l'Évangile, Mgr Sebaux, revêtu de ses habits pontificaux, avec crosse et mitre, est monté en chaire. Pendant une demi-heure, Sa Grandeur a tenu son auditoire sous le charme de sa parole si paternelle et si autorisée. A l'Offertoire et à la fin de la messe, des chœurs en l'honneur du héros de la fête ont été exécutés avec une précision et un ensemble parfaits.

L'affluence des fidèles était considérable. Une délégation du collège Saint-Paul occupait le sanctuaire avec deux classes de l'école Saint-Joseph et les nombreux chanteurs. Les autres élèves des Frères remplissaient à droite et à gauche les deux côtés du transept.

La vaste nef était garnie de fidèles de toutes les conditions, au milieu desquels nous avons remarqué un grand nombre d'enfants de nos institutions libres : les pensions de Mmes Cantau, Picoulet, Petit-Saint-Romain; celles des religieuses de Sainte-Marthe, de Notre-Dame des Anges, etc.

A sept heures du soir, la sonnerie des cloches, lancées à toute volée et que dominait la voix majestueuse du bourdon de la cathédrale, appelle les fidèles à la clôture du Triduum.

Malgré un temps abominable et une pluie qui n'a cessé de tomber toute l'après-midi, une foule énorme envahit l'enceinte sacrée. Les suisses font circuler, et bientôt il ne reste plus une place vide dans l'immense vaisseau. Les derniers arrivés s'installent comme ils peuvent ; tous, anciens élèves des Frères ou admirateurs de l'œuvre de J.-B. de La Salle, veulent donner à ces éducateurs dévoués de l'enfance un témoignage de bienveillance.

D'ailleurs, le programme est attrayant. On compte sur un prédicateur sympathique, sur une musique savante et sur une brillante illumination. Disons de suite que toutes les promesses ont été tenues et que les plus exigeants ont dû être largement satisfaits.

A sept heures et demie, Mgr Sebaux fait son entrée au chœur. Le *Magnificat* en faux-bourdon, à cinq voix, et le cantique : *Véritable ami de l'enfance*, exécutés par la masse des chanteurs, avec accompagnement des deux orgues, sont d'un effet saisissant.

Aussitôt M. le chanoine Marcellin Mesnard est conduit à la chaire.

Le jeune panégyriste a dû éprouver une émotion bien légitime en voyant ce flot d'auditeurs, où le parti ouvrier était largement représenté, se presser compacte dans la vaste enceinte, avide d'entendre de sa bouche, habituée à plaider la cause de l'enseignement chrétien, l'éloge d'un bienfaiteur de l'humanité, d'une des gloires les plus pures de notre patrie, de l'organisateur des écoles populaires.

Dans une forme tout à fait littéraire, M. Marcellin Mesnard fait l'historique du bienheureux de La Salle dans ses rapports avec l'Eglise et avec la société.

Nous n'entreprendrons pas d'analyser ce magnifique discours, qui, d'ailleurs, doit être imprimé et que tout le monde pourra lire.

L'aspect de notre belle cathédrale est féerique. L'illumination est dans tout son éclat. Dans la nef, à la hauteur des tribunes, les lignes de lumières entourent l'église jusqu'aux grandes orgues et font ressortir la beauté des oriflammes dont les murs sont presque couverts. Mais c'est dans le sanctuaire que l'illumination est prodiguée : cordons, festons, guirlandes, faisceaux de lumière s'harmonisent d'une manière très heureuse et produisent avec le monogramme de J.-B. de La Salle un effet des plus beaux.

Pendant le Salut, le chœur du matin, renforcé de nouveaux chanteurs, a exécuté avec accompagnement d'orchestre plusieurs morceaux qui ont été savamment rendus. Des musiciens de valeur avaient bien voulu, pour cette circonstance, offrir gracieusement leur concours à M. l'abbé L. Bisch, l'éminent organiste de la cathédrale, qui a dirigé l'orchestre avec l'habileté consommée que tout le monde lui connaît.

Le cantique de la *Béatification*, par le Frère Léonce, a été fort bien dit.

Nous avons entendu successivement un *Ave verum* et un *Tantum ergo*.

L'*Ave Maria* de Niedermeyer a été supérieurement rendu par M. l'abbé Noblet.

Mgr Sebaux a donné la bénédiction du Saint-Sacrement et la fête s'est terminée par le chant du *Laudate*, vrai chant de triomphe, spécialement composé par M. L. Bisch pour les fêtes de la Béatification.

Avant de quitter la cathédrale, Mgr l'Évêque a témoigné sa satisfaction à tous les musiciens et chanteurs et les a vivement félicités et remerciés.

En terminant, qu'il nous soit permis d'adresser nos compliments aux organisateurs de cette solennité, dont le souvenir restera gravé dans la mémoire de ceux qui en ont été les témoins.

(Extrait de la *Semaine religieuse.*)

Les 25, 26 et 27 juin, un Triduum solennel était célébré à Angoulême en l'honneur du bienheureux J.-B. de La Salle. Rien n'avait été négligé pour rehausser l'éclat de ces cérémonies nouvelles pour nous. Sa Grandeur Mgr Sebaux, dont le zèle apostolique ne laisse échapper aucune occasion de faire le bien, avait consenti à présider les exercices de la clôture de cette fête. Les Frères avaient sollicité le concours de prédicateurs et d'artistes distingués. L'éloquence des uns devait nous dire quelles furent les vertus du saint, et les savantes harmonies des autres chanter la gloire du héros. Cet appel fut entendu : orateurs comme musiciens se sont généreusement dévoués, et nous sommes heureux de constater que le succès a couronné leurs efforts. Il ne pouvait en être autrement.

Les deux premiers jours du Triduum ont eu lieu chez les Frères. Le préau de l'école avait été transformé en chapelle provisoire. Bien des mains pieuses avaient contribué à l'orner; bien des cœurs chrétiens y sont venus vénérer les reliques du Bienheureux. Trois fois par jour les fidèles s'y sont réunis avec tant d'empressement que, malgré ses proportions, la chapelle se trouva trop étroite pour les contenir tous.

Le lundi 25 juin, M. l'abbé Riffaud, chanoine honoraire, curé de Saint-Martial, a chanté la messe, et le soir, aux vêpres, M. Courivault de La Villate, chanoine honoraire, secrétaire de l'évêché, déroula devant ses auditeurs attentifs la vie du bienheureux J.-B. de La Salle. Il raconta avec émotion ses luttes, ses angoisses, ses épreuves, et nous le montra enfin victorieux de toutes les persécutions dont l'accablèrent non-seulement ses ennemis, mais quelquefois ses disciples, et même ses supérieurs, qui n'avaient pas encore compris sa mission.

Le lendemain, 26, c'est M. l'abbé Sochal, curé de Saint-André, qui officie ; c'est lui que nous avons le bonheur d'entendre aux vêpres. Sa parole persuasive a été écoutée avec un vif intérêt. Après nous avoir dit que Jean-Baptiste fut un saint, parce qu'il s'était rapproché davantage du divin modèle que tous nous devons suivre, il nous a conviés à l'imitation de ses vertus, surtout de sa fidélité à correspondre aux inspirations de la grâce.

Mais la manifestation la plus imposante s'est produite dans notre cathédrale. A neuf heures, Monseigneur fait son entrée solennelle, au milieu d'une assistance nombreuse et d'une délégation de toutes les écoles d'Angoulême. Une messe en musique due au talent remarquable de M. l'abbé Bisch est exécutée avec beaucoup d'ensemble.

Monseigneur célèbre pontificalement la messe ; le chapitre est présent, ainsi qu'un clergé nombreux. Après l'Évangile, il monte en chaire. Entrant dans la pensée du Bienheureux, il expose l'influence douce, puissante et nécessaire de la piété dans l'éducation des enfants, au point de vue de la science, de la foi et de la vertu.

La dernière cérémonie devait avoir lieu le soir, à sept heures et demie La cathédrale était toute illuminée. Au-dessus de l'autel apparaissait, entourée d'une gerbe de flammes, la statue du Bienheureux, don gracieux de Monseigneur, qui avait voulu ainsi témoigner aux Frères sa sympathique reconnaissance. La foule est immense. Sans doute, elle vient admirer ces magnifiques décorations, prodiguées partout avec un goût exquis. Sans doute, elle vient écouter les chants artistiques qu'on lui a promis : l'*Ave Maria* de Niedermeyer, interprété avec un talent et une souplesse de voix incomparables ; un *Ave verum* et un *Tantum ergo*, dont un orchestre habile fait ressortir davantage le caractère grave et religieux. Mais elle accourt aussi pour entendre de nouveau l'éloge de celui qui s'est dévoué à l'éducation des enfants. M. l'abbé Mesnard, chanoine honoraire, l'apôtre actif des écoles populaires, a retracé, dans un langage remarquable, ce qu'avait été l'instruction avant J.-B. de La Salle. Puis, dans un style plein de vie, de chaleur et de mouvement, il nous a parlé des efforts et des travaux de son héros pour propager l'enseignement chrétien parmi le peuple. On sentait qu'il plaidait là une cause chère à son cœur. Enfin, le salut solennel du T. S. Sacrement a clôturé cette belle journée.

Et maintenant, ces fêtes sont terminées ; mais longtemps nous nous souviendrons de la vive émotion que nous avons ressentie en présence de cette multitude si pieuse et si recueillie ; longtemps nous nous souviendrons de cette belle manifestation en faveur des écoles libres. Le dirons-nous ? cet enthousiasme général ne nous a point étonné. Ne savions-nous pas avec quelle générosité nos catholiques avaient répondu à l'appel qui leur était fait ? Ne savions-nous pas que leurs mains s'étaient ouvertes avec empressement pour aider à la fondation d'écoles religieuses ? Après avoir donné leur obole, ils sont venus apporter aux éducateurs de leurs enfants le témoignage de leur vive et affectueuse reconnaissance.

Que les disciples de J.-B. de La Salle continuent l'œuvre qu'ils ont si bien commencée dans notre Charente ; qu'ils ne se laissent abattre ni par les attaques ni par les persécutions. Nos cœurs et nos vœux les accompagneront dans toutes leurs luttes, car nous savons qu'ils ne perdent jamais de vue le but éminemment chrétien de leur fondateur : s'appliquer surtout à former des enfants pieux. Le grand intérêt de la France est sa régénération chrétienne ; ce noble but ne sera atteint que si l'on donne toujours comme base à l'enseignement une piété vraie, solide et durable.

X...

PANÉGYRIQUE

DU

BIENHEUREUX JEAN-BAPTISTE DE LA SALLE

PRONONCÉ PAR

M. L'ABBÉ MARCELLIN MESNARD

Chanoine honoraire

Docteur en Théologie et en Droit Canon

Docuit populum.
Il a enseigné le peuple.
(ECCLÉS., c. XII, v. 9.)

MONSEIGNEUR,
MES FRÈRES,

La cause de l'enseignement populaire sera toujours du plus haut intérêt. Car le peuple a eu les préférences de Jésus-Christ, le Verbe illuminateur tourné sans cesse vers les foules; il est le vaste champ des intelligences que l'Église, déjà organisatrice du travail agricole, a seule cultivé pendant de longs siècles; ses enfants, si tendrement recherchés par le divin Maître, portent les destinées de l'avenir, et c'est à instruire le peuple dans ses fils que notre âge consacre sa gloire et ses efforts.

Vicaire de Jésus-Christ ou chef de l'Église, Léon XIII, d'accord avec le dix-neuvième siècle, veut et réalise l'instruction pour tous. Voyez les largesses de sa main en faveur de cette cause, les écoles qu'il ouvre à Rome dans les quartiers populeux; entendez ses pressantes recommandations, adressées très souvent aux évêques, afin qu'en tous lieux on procure les bienfaits de la science à la jeunesse du peuple. Et pour mettre le comble à ces actes, Léon XIII couronne solennellement, au milieu de son propre triomphe jubilaire, les vertus et les services de Jean-Baptiste de La Salle, proclamé bienheureux le 19 février; exaltant ainsi aux yeux de l'univers l'humble prêtre qui est, sans conteste, LE PREMIER INSTITUTEUR POPULAIRE DES TEMPS MODERNES.

Le bienheureux de La Salle, en effet, *a reçu de Dieu la mission* d'enseigner l'enfant du peuple. Avant lui, l'Église poursuivait, à n'en pas douter, cette mission délicate et sublime : c'est un point que nous mettrons d'abord en lumière à cause de son actualité. Au moment où une évolution, lente et progressive, prépare la nouvelle société française, de La Salle sert d'*instrument à l'Église* pour réorganiser l'enseignement populaire et crée lui-même notre enseignement primaire national. De La Salle est *modèle* en même temps que chef et instrument providentiel; modèle à la vérité : on ne peut que marcher sur ses traces. Il fonde une œuvre *moralisatrice* qui forme des citoyens disciplinés, des hommes de devoir; une *œuvre de foi* qui puise sa vie aux sources de la religion et conquiert des générations à Dieu.

Loué sous d'autres aspects, de La Salle mérite d'être glorifié pour ces divers titres dans son œuvre des écoles populaires. Si son éloge est faible sortant de ma voix, mes frères, il sera digne de lui partant de votre magnifique assemblée.

L'Église, mes frères, au seul point de vue des écoles populaires, a rendu aux nations, surtout à la France, des services dont le plus bel éloge se trouve dans cet aveu du chef du positivisme : « Le catholicisme fut le promoteur le plus efficace du développement populaire de l'intelligence humaine [1]. » Pour ce qui est de notre pays, la critique contemporaine a éclairé cette action de l'Église dès nos origines et au moyen âge. Commençons par elle ; je montrerai après de La Salle venant, au siècle de Louis XIV, répondre aux desseins de Dieu sur lui, personnifier l'Église et accomplir les progrès qu'attend la société moderne. Notre enseignement primaire national l'aura eu pour véritable chef et complet réformateur.

[1] Auguste Comte, *Cours de philosophie positive.*

I.

Dans le principe, la France voit refleurir, sous l'impulsion de l'Église, les écoles qui avaient acquis une grande renommée au temps de la domination romaine. L'école épiscopale remplace désormais l'école impériale d'autrefois. Le cinquième siècle se termine à peine, et déjà les villes importantes sont dotées; partout, à côté de l'évêque du lieu, les clercs instruisent l'enfant du peuple. Il n'est pas jusqu'aux campagnes les plus reculées qui ne bénéficient de cet avantage : un concile l'a recommandé aux prêtres pour suivre l'exemple de l'Italie. Du sixième au huitième siècle, le mouvement s'accentue. Nous arrivons à cette heureuse période où Charlemagne, secondé puissamment par le moine Alcuin, déploie un zèle digne de son génie, et exige qu'on enseigne dans les cloîtres des cathédrales et des monastères. Le prince et le ministre ont établi un courant tel que l'Église peut décréter avec Théoduf, évêque d'Orléans : « Que les prêtres tiennent des écoles dans les « bourgs et les campagnes, et si quelqu'un des « fidèles veut leur confier ses petits enfants pour

« leur faire étudier les lettres, qu'ils ne refusent « point de les recevoir et de les instruire, mais « qu'au contraire ils les enseignent avec une par- « faite charité, se souvenant qu'il a été écrit : « Ceux qui auront été savants brilleront comme « les feux du firmament, et ceux qui en auront ins- « truit plusieurs dans la voie de la justice luiront « comme des étoiles dans toute l'éternité. Et qu'en « instruisant les enfants, continue le capitulaire de « l'évêque, ils n'exigent pour cela aucun prix et « ne reçoivent rien, excepté ce que les parents leur « offriront volontairement et par affection. » Comment mieux traduire l'élan général et le concours désintéressé de l'Église ? Il en est ainsi avec les successeurs de Charlemagne. Au moyen âge, l'Église est loin d'avoir ralenti la marche des écoles populaires; c'est ce que reconnaît expressément l'historien de la vie de Du Guesclin. « On a cru « longtemps, écrit ce dernier [1], que le moyen âge « n'avait connu rien qui ressemblât à ce que nous « appelons l'instruction primaire. C'est une grave « erreur. Il est fait à chaque instant mention « d'*écoles rurales* dans les documents où l'on s'at- « tendrait le moins à trouver des renseignements « de ce genre, et l'on ne peut guère douter que, « pendant les années même les plus agitées du « quatorzième siècle, la plupart des villages n'aient « eu des maîtres enseignant aux enfants la lec- « ture, l'écriture et un peu de calcul. » La guerre de Cent ans interrompt forcément un progrès si marqué. L'Église n'en poursuit pas moins sa tâche,

[1] *Histoire de Du Guesclin et de son époque,* par Siméon Luce.

devenue plus ingrate, et lorsque son action est moins entravée, elle profite des assises solennelles tenues à Trente pour donner aux écoles populaires un nouvel essor. Le concile décide « qu'auprès « de chaque église, il y aura un ou plusieurs maî- « tres qui enseigneront la grammaire gratuite- « ment aux clercs et aux pauvres écoliers[1]. » Vienne enfin la grande époque, et l'Église sera organisée définitivement pour la plus fructueuse et la plus intéressante des missions. Elle a dû, jusqu'au siècle de Louis XIV, subir l'état de choses, être de son temps ou se conformer aux aptitudes des provinces et des hommes au milieu desquels son influence pouvait s'exercer. Mais il est évident que l'Église appelle de tous ses vœux une ère meilleure; souhaitant d'élargir sinon de transformer l'enseignement populaire, d'offrir des maîtres plus capables encore, et de tracer des méthodes rationnelles et uniformes, en rapport avec la nation qui honore maintenant la science et devient une elle-même dans son organisation politique et territoriale. De La Salle, apparaissez et soyez entre les mains de l'Église l'*instrument de la Providence.*

[1] Concile de Trente, 5ᵉ session (*de Reform.*, c. 1).

II.

Il naît à Reims, le 30 avril 1651, ce chef prédestiné de l'école populaire, telle que l'Église la désire. C'est bien l'époque faite pour lui, cette époque de germination où la tige de l'esprit français produit ses fleurs littéraires, qui ne trouveront jamais leurs pareilles en multiplicité, en parfum, en splendeur. Que de génies illustres s'assemblent autour de Louis XIV ! Oui, venez parmi eux, tendre rejeton de la Champagne ; que si votre place nous y semble modeste, j'allais dire effacée, la France vous salue comme eux tous, car de vous dépend la vulgarisation de notre langue, pure, harmonieuse, le progrès de l'enseignement populaire.

Jean-Baptiste, de bonne heure, s'applique à l'étude. C'est à lui d'être l'exemple des écoliers avant de les former. Ne craignez point : il est accompli, il étonne maîtres et disciples ; on se demande avec l'admiration dont fut entouré le petit enfant, précurseur de Jésus-Christ, son patron par le baptême : « Que pensez-vous que sera, lui aussi, ce Jean-Baptiste[1] ? » L'arbrisseau s'élève et grandit unique-

[1] Luc, I, 66.

ment pour le sacerdoce. Dix-sept ans à peine, et il est à la hauteur de la dignité ecclésiastique, échue selon des règles consacrées alors en vertu de la légitime cession de l'un de ses parents. Le jeune chanoine ne s'en prépare que mieux à devenir prêtre. Le séminaire de Saint-Sulpice sera le témoin de ses efforts; toutes les palmes théologiques, les unes après les autres, couronneront ce front victorieux; à Reims, son ministère va s'annoncer des plus féconds.

Mais souvent il arrive que les hommes providentiels ont un point de départ très imprévu et ne comprennent eux-mêmes leur mission que d'après les circonstances. De La Salle croit rester chanoine; illusion! Son rôle va se dessiner naturellement.

C'est l'usage du grand siècle de confier l'instruction des princes, héritiers du trône, aux plus vives lumières du clergé. Dans ce glorieux labeur, Bossuet et Fénelon se succèdent, passant tous les deux à la postérité à cause de cela seul. Voici, selon que les appelait Gerson, chancelier de l'Université de Paris, voici « les enfants du roi des rois », les enfants du peuple, tous fils de Dieu, qui attendent leur précepteur en ce siècle fortuné. Quel corps d'élite aura l'honneur d'être choisi dans le clergé de France ? Le chapitre de l'insigne cathédrale de Reims; ce chapitre, ornement séculaire du sacre des rois et qui a vu vingt de ses membres sur le siège archiépiscopal de Reims, vingt et un revêtus de la pourpre cardinalice, quatre ceindre la tiare des papes. Quel membre sera désigné ? De La Salle, mandé par Dieu lui-même pour faire l'instruction de ses fils et héritiers, les enfants du peuple. Ce choix lui attire déjà les acclamations de tous les âges postérieurs. Il appartient à l'éternité.

Comment, tout d'abord, saisit-il l'appel de Dieu? Un prêtre vénérable de Reims l'a prié, en mourant, de veiller aux intérêts de la communauté enseignante qu'il laisse orpheline. De La Salle acquiesce à ce désir suprême, — que n'obtient l'amitié sainte des grands cœurs? — dirige l'œuvre, s'y attache, et, constatant le bien qui en résulte pour les petites filles, songe à lui donner un complément naturel en créant pour les garçons quelque chose de semblable. Du reste, une de ses parentes l'a prévenu. Cette femme de haute condition, qui habite Rouen et fonde des écoles gratuites autour d'elle, envoie à Reims, sa ville d'origine, l'ouvrier de ses créations, afin d'y établir l'école que rêve de La Salle. Ils s'entendent sans s'être vus et, sans le savoir aussi, ils manifestent une idée providentielle. De La Salle a favorisé de tout son pouvoir les intentions de sa parente, reçu dans sa demeure hospitalière le laïque excellent qui en est l'exécuteur, pris sous sa garde les maîtres et l'école, finalement s'est chargé de la formation morale et pédagogique du personnel enseignant. D'un côté, une première école en a suscité d'autres à Reims, à Réthel, à Laon; de l'autre, le chanoine, par sa direction, par ses sacrifices, se voit le pivot d'une œuvre qui s'étend. Sans lui, tout croule; avec lui, tout vit et se développe. S'il considère le présent, les résultats sont inappréciables; s'il regarde l'avenir, les champs de la France entière se déroulent devant lui avec la promesse d'abondantes moissons. C'est trop clair : Dieu veut de La Salle à l'école du peuple et non plus au chapitre de Reims.

Répondre à l'ordre divin, sortir des fonctions ordinaires du sacerdoce, entrer à la cour du Seigneur notre roi et instruire tous ces petits enfants qui, au témoignage de Jésus-Christ, ont leurs anges ou gardiens sans cesse devant la face de leur Père et représentent le ciel sur la terre, tous ces actes réunis, s'ajoutant à la première ébauche de l'Institut religieux des Frères, sont le signal de la carrière ouverte. C'en est fait, de La Salle a saisi la chère petite main de l'enfant du peuple ; il la retient jusqu'à son dernier soupir. Ses écoles de Reims et de la Champagne regorgent d'élèves ; elles sont la joie de l'archevêque et des curés. Mais restera-t-il circonscrit dans une seule région, le maître du peuple que Dieu destine à sa grande famille ? Non ; il lui faut Paris, car de Paris il pourra rayonner sur la France. Comme il y est accueilli avec empressement par le curé de Saint-Sulpice, qui lui remet une école presque déserte et la voit de suite remplie ! Des classes nouvelles s'établissent à la fois à Paris et en province. Ainsi, de La Salle se hâte d'être, *au service de l'Église,* l'instrument de la Providence.

III.

Que demande l'Église pour restaurer l'enseignement populaire?

En premier lieu, de vrais maîtres d'école. Or, c'est à les former que s'applique plus que jamais de La Salle. Il constate, à Paris comme à Reims, l'insuffisance de ceux qui enseignent l'enfant du peuple; — c'est tout au plus s'ils apprennent à lire, quelques-uns ne savent pas écrire; — il voit le peu d'intérêt qui s'attache à leur formation, et il y remédie par son Institut naissant des Frères, qu'il fixe désormais sur la règle et les vœux, et par l'école préparatoire de Saint-Denis, où se font des cours spéciaux pour les futurs instituteurs laïques. Saint-Denis, remarquons-le en passant, est la première école normale qu'ait connue la France. Dans la pensée de l'Église, les deux éléments religieux et laïque, loin de s'exclure, sont appelés à marcher de concert sur le terrain de l'école. Fidèle à cette pensée, de La Salle prépare donc une légion de maîtres compétents et exercés.

En second lieu, le cadre des connaissances est trop restreint pour les enfants eux-mêmes; place à la langue française, elle appartient au peuple.

De La Salle, ici, aide l'Église en rédigeant tout un nouveau programme d'enseignement. La lecture, l'écriture, le calcul, les sciences usuelles, ces choses si utiles à l'artisan, au laboureur, aux conditions différentes de la vie populaire, sont enseignées pour la première fois à tous les élèves. Ce n'est point le surmenage intellectuel qui étiole les facultés des petits êtres qui commencent, mais la distribution, parfaitement entendue, d'un pain scientifique qui nourrit et développe. Avec ce programme, chacun saura beaucoup, personne n'aura trop appris. La science ne sera pas oubliée au sortir même de l'école ; elle suivra l'enfant à l'âge mûr, à la vieillesse. Le bon peuple enfin parlera sa langue. Assez des idiomes du passé ; laissons aux enfants du sanctuaire le latin qu'ils doivent honorer, à l'exemple de l'Église leur mère. Le français est formé ; des génies le mettent au premier rang des langues modernes. C'est le langage clair, facile, élégant, poli des âges nouveaux. Il est temps que l'enfant du peuple le prononce et l'étudie sur les bancs de l'école pour le parler ensuite toute sa vie. C'était la double réforme à opérer ; l'honneur en revient à l'Église, qui l'a faite par de La Salle. Comment s'y est pris l'habile ouvrier de l'Église ?

Il a renversé tous les systèmes d'instruction admis et pratiqués jusqu'alors, bâti à son tour dans de vastes proportions et harmonisé les parties de son édifice. Avant lui, un maître suffisait à peine à dix élèves avec la méthode en vigueur de l'enseignement individuel. A cette méthode, qui raréfie le personnel enseignant par la nécessité de multiplier les écoles à l'infini dans les grands centres comme

Paris, et nuit, en conséquence, à l'instruction générale, à cette méthode bornée de La Salle substitue la méthode large qui, depuis, a toujours prévalu. Il divise les élèves suivant leur capacité moyenne et prépose un maître à chaque division. Ce maître, à son tour, donne la leçon simultanément à trois groupes : aux forts, aux moyens et aux faibles, « les conduisant, selon les règles de de La Salle, « du connu à l'inconnu, du facile au moins facile, « allant toujours d'une marche progressive et « graduée, rendant l'enseignement rationnel et « pratique ». L'arbitraire et le vice qui existaient sous ce rapport ont cessé.

Munie aujourd'hui de méthodes, d'un programme et de maîtres d'école, l'Église n'a plus qu'à aborder la masse des enfants du peuple.

Avec un homme comme de La Salle, l'Église a bien vite groupé sous ses ailes, premièrement les enfants du pauvre, dont aucun maître n'a souci; ensuite tous les fils du peuple, à quelque classe qu'ils appartiennent. La charge est lourde, il est vrai : des budgets énormes sont nécessaires à l'État, qui porte seul le fardeau de l'instruction populaire. De La Salle, Église de Dieu, votre charité y suffira. Vous recevrez gratuitement à l'école les enfants du peuple, au nord, au midi, sur tous les points de la France. Vous aurez, après trente-cinq ans de vos communs efforts, 10,000 élèves environ, 36,000 en 1789, et de nos jours 400,000 disséminés en France et à l'étranger; sans compter que vous, Église, aurez suscité par de La Salle des conquérants si nombreux, c'est-à-dire toutes vos congrégations enseignantes, que nous ne ferons plus d'autre récit de vos victoires. Bologne enseigne, *Bononia docet,* dit la devise de cette ville ; regardez, dirons-nous, l'étendard du catholicisme qui flotte sur la France ; il porte dans ses replis : « L'Église « instruit toujours les enfants du peuple français, « *docuit populum.* »

Et maintenant, mes frères, si la France se retourne vers l'Église et de La Salle, elle doit avouer que rien n'a mieux servi son unité que leur réforme de l'enseignement populaire. La divulgation de sa langue, des écoles créées sur tout son territoire et faites sur le même moule l'ont ici singulièrement favorisée. A ceux qui le mettraient en doute, je répondrais : Pourquoi donc les ennemis du catholicisme veulent-ils rester les maîtres absolus de l'école, si ce n'est pour unifier à leur manière la France contemporaine ? Ce moyen ne leur semble-t-il pas infaillible ?

Résumons tous ces genres de service. C'est le moment d'être juste pour de La Salle. Qui a instruit le plus les enfants du peuple français, gratuitement, soit avec le seul impôt de la charité ? Qui a formulé les règles vraies de cet enseignement ? Quel est l'auteur du programme qui convient le mieux à nos écoles primaires ? Enfin, qui a puissamment contribué à notre unification nationale ? Les faits le proclament assez haut : c'est de La Salle. La France reconnaît en lui le *premier instituteur* de son peuple et honore aussi, *en ce chef,* un vrai réformateur ou le *modèle* de ceux qui instruisent ses enfants.

IV.

Un réformateur de l'instruction populaire, si bien inspiré qu'il soit pour le personnel des maîtres, le programme, les méthodes et la diffusion de la science, ne parvient réellement à créer un enseignement primaire national qu'à la condition de faire reposer tout son système sur les fondements inséparables *de la morale et de la religion*. C'est l'ordre naturel des choses; l'esprit humain ne s'y est jamais trompé, là du moins où il s'est soustrait à la passion de tout détruire.

Une nation, en effet, peut atteindre les plus hauts sommets de l'intelligence et demeurer stationnaire dans le bien ou descendre au dernier degré de l'abaissement moral. Pascal ne le disait-il pas pour son temps ? « Les inventions des hommes « vont toujours en augmentant, mais la bonté et « la malice restent les mêmes [1]. » Et ne l'a-t-on pas reconnu même pour notre siècle de progrès ? « Nous ne subsistons que par un reste de vertu » [2].

[1] Sainte-Beuve cite cette pensée et ajoute : « C'est là un correctif essentiel que je voudrais voir placé en tête de toutes les grandes théories du progrès. » (*Histoire de Port-Royal,* liv. III, c. III.)

[2] Renan.

Or, mes frères, si, à l'école du peuple, le *niveau moral* qui résulte de l'éducation n'est pas celui de l'instruction, la nation échappe-t-elle à la décadence ? Sa vie tient essentiellement à l'éducation première de la jeunesse ; à l'éducation qui arrache l'herbe toujours vivace de la malice et fait grandir les germes croissants de la vertu ; à l'éducation qui porte la joie au foyer en donnant au père et à la mère des enfants respectueux, soumis et attachés; à l'éducation qui constitue la famille de l'avenir; à l'éducation, enfin, qui rend les pays heureux et prospères par des familles solidement établies.

Dans ce champ si fructueux de l'éducation, de La Salle excelle. Il y est législateur complet. Lisez, mes frères, les lois qu'il a dictées à son Institut; elles font l'objet du manuel le plus recommandable. Instruction morale, instruction civique, tout y est précisé selon la sagesse de l'homme épris de la beauté de la vertu et fier de la grandeur de sa patrie. Ces lois visent d'abord les maîtres, dont la tâche consiste « à déraciner les mauvaises habitu« des et à faire pratiquer le bien aux enfants d'une « manière proportionnée à leur âge »; ensuite les moyens d'éducation, soit le respect de l'autorité, l'amour de la règle, une juste répression des défauts, le travail assidu aux heures de classe, des récréations bien remplies, les rapports des maîtres avec les élèves et des élèves entre eux. Le code de ces lois n'oublie aucun détail, et le moindre de ses articles concourt à former dans l'écolier, maintenant un bon fils et un vertueux enfant, plus tard un père de famille exemplaire, très pénétré de ses devoirs, un citoyen prêt à défendre sa patrie, l'homme de bien dans toute la vigueur du mot. Et d'où vient à ce code la force de ces lois ? Du principe même qui rend inébranlables toutes les lois de la terre, je veux dire le *principe religieux*.

Car, enfin, ce serait chose extraordinairement nouvelle qu'une nation arrivât à se fonder sur l'humain. L'histoire l'atteste, la science politique l'assure : l'humain s'use; il faut pour le maintien ou la durée le divin, le divin, c'est-à-dire la roche de l'éternité. Si la nation vit donc par l'éducation morale de ses enfants, cette éducation, de l'avis de tous, n'est possible qu'avec le divin ou la religion. Ai-je besoin de citer des témoignages qui n'en finiraient plus ? Sortez seulement de la France, parcourez l'Europe, faites le tour du monde, et voyez s'il est un peuple qui ne fasse de la religion le haut et principal enseignement de ses écoles.

Aussi, mes frères, vous comprendrez l'importance que de La Salle attache à l'étude de la religion : sans elle, obtiendrait-il les résultats désirés ? Immédiatement, il s'inspire de la foi véritable, de la céleste doctrine apportée à la terre par le Fils de Dieu et dont le Pontife de Rome a la garde. Le livre d'honneur de ses classes, c'est le catéchisme. Et qu'apprend le catéchisme à l'enfant ? « L'origine du monde, la destinée de l'homme en cette vie et en l'autre, les rapports de l'homme avec Dieu, les devoirs de l'homme avec ses semblables » ; c'est un maître de l'Université française qui parle. Le catéchisme est ainsi toute la formation religieuse de l'écolier. De cet enseignement jaillit la prière : le cœur de l'enfant la fait monter vers son Dieu. Être candide, l'enfant salue le Dieu de l'innocence; être gracieux, il exprime à son Père les plus doux sentiments; être royal, il parle au Seigneur en héritier du ciel.

Oh! qu'il est grand, mes frères, l'enfant du peuple sortant de l'école chrétienne où l'a instruit et élevé de La Salle! On lui a dit : Enfant, tu es le fils du roi des rois, seule la gloire divine comblera tes désirs; passe donc sur le chemin du temps et ne t'arrête qu'à l'éternité. Et il va, ce fils trop heureux au milieu du monde, il va, l'âme justement fière, mériter son immortelle couronne par une vie toute de religion et de vertu.

Modèle des instituteurs, de La Salle a compris admirablement cette souveraineté unique : il n'a tant et si bien enseigné que pour assurer la possession de Dieu ou du ciel à tous les enfants du peuple.

Tel est, mes frères, le bienheureux de La Salle, dont j'avais à esquisser les traits dans son œuvre fondamentale des écoles populaires. Il est, à cause des titres qui ont marqué son action, la gloire de l'Église et de la France. L'Église lui a rendu son éloquent hommage par la bouche de Léon XIII. La France, à son tour, lui décerne un vrai triomphe. Paris, Bordeaux, Rouen, Reims, toutes les cathédrales de France l'ont entendu célébrer par les foules. Angoulême, qui possède ses fils et vénère en eux les vrais instituteurs du peuple, Angoulême a voulu prendre sa place dans le concert général. Votre présence et votre parole, Monseigneur;

secondement la pompe des cérémonies pontificales, l'ornementation du saint lieu et l'harmonie des sacrés cantiques traduisent mieux que je n'ai pu le faire les louanges du bienheureux de La Salle.

Louanges, en effet, à celui qui instruit toujours l'enfant du peuple, *docuit populum!* Jeunesse française, votre maître plane sur vos têtes; demeurez à son ombre tutélaire, il vous trace le chemin de l'honneur et du devoir; sa main vous est tendue pour vous conduire à l'héritage, à votre trône éternel.

Pour nous, bienheureux de La Salle, le principal tribut que nous puissions vous payer, c'est de vous imiter dans votre œuvre. Angoulême, Cognac, notre diocèse le font « sans peur et sans reproche ». Mais à ce tribut nous joignons une prière : Soyez le protecteur de nos écoles et gardez vous-même, en ces jours d'épreuve, les enfants de la Charente, tous les fils du peuple français !

LE DIALOGUE DES STATUES A ROUEN

A l'occasion des fêtes du Triduum, nos lecteurs liront avec plaisir les beaux vers ci-après, composés dans la circonstance que voici :

Naguère, en 1875, la ville de Rouen érigea une statue au Vénérable de La Salle. Comme Boïeldieu, Corneille, Jeanne d'Arc, Napoléon avaient déjà leurs statues en cette ville, M. Henri de Bornier, le célèbre poète, imagina un dialogue entre ces statues, qui finissent par reconnaître et proclamer les droits de l'humble prêtre.

Ce dialogue, les fêtes dont nous parlons lui donnent une actualité nouvelle, une nouvelle saveur :

I.

C'est à Rouen, la nuit, ville et port tout sommeille.
....

∴

La nouvelle statue, hier voilée encor
Et qui vit à ses pieds, sous les bannières d'or,
Peuple, prêtres, soldats, passer la ville entière,
N'est pas la seule dont cette cité soit fière;
Napoléon le Grand, le grand Corneille aussi,
Boïeldieu, Jeanne d'Arc ont leur statue ici,
Et l'on pourrait entendre, ainsi que dans un rêve,
Des quatre monuments une voix qui s'élève.

∴

— Est-ce, dit Boïeldieu, quelque roi de notre art,
Un Beethoven français? Est-ce un autre Mozart?
D'une âme tour à tour noble, ardente, attendrie,
A-t-il trouvé soudain, pour sauver la patrie,
Un de ces chants qui sont comme le cri d'un dieu?
Mais le bronze inconnu répond : — Non, Boïeldieu.

∴

— Est-ce un frère nouveau que la gloire m'envoie?
Dit Corneille; mon âme espérait cette joie :
Vous tous qui m'appelez et le maître et l'aïeul,
Je me plaignais ici que vous me laissiez seul.
L'honneur du vrai poète et son orgueil suprême
Est d'avoir des rivaux qu'il a créés lui-même.
J'en eus, et j'en aurai d'autres, si Dieu m'entend.
Toi qui viens de monter sur ce socle éclatant,
Quelle est l'œuvre dont l'art, grâce à toi, s'émerveille?
Quel est ton *Cid?*
— Aucun, dit le bronze à Corneille.

.˙.

— Est-ce une sœur qu'on vient de me donner ici?
De Dieu, par toi, la France obtint-elle merci?
Humble fille partant des marches de Lorraine,
As-tu montré comment un grand peuple s'entraîne?
As-tu chassé l'Anglais et couronné ton roi?
Dans les flammes, au ciel allas-tu comme moi?
— Non, répond la statue à Jeanne la Pucelle.

.˙.

Alors Napoléon, dont l'œil noir étincelle,
Dit brusquement, croyant qu'on peut dire cela
Aux morts comme aux vivants : — Pourquoi t'a-t-on mis là?
Bronze d'hier, quel est le nom dont on te nomme?
As-tu pris Berlin, Vienne, Alexandrie ou Rome?
Sais-tu tous les chemins qu'un héros peut gravir?
Sais-tu sauver ton peuple et sais-tu l'asservir?
De quels bronzes de guerre a-t-on fait ta statue?
Pourquoi tous ces honneurs, ces drapeaux triomphants?
Réponds.
— J'appris à lire à de petits enfants.
J'étais un simple prêtre et mon nom est La Salle.
J'eus pour seuls ennemis l'ignorance fatale,
La paresse, l'oubli du devoir et de Dieu.
Ainsi, j'ai fait du bien aux hommes, mais trop peu;
Ce qu'ils doivent au soin que de tous j'ai su prendre,
C'est de vous mieux connaître et de vous mieux comprendre,
Poètes ou héros : sans moi, Napoléon,
Plus d'un homme aurait peine à déchiffrer ton nom;
Plus d'un ne pourrait pas lire tes vers, Corneille.
Mais pourquoi ma statue à la vôtre est pareille,
Je me l'explique mal, et l'on pouvait choisir
Plus d'un grand homme à qui ce bronze eût fait plaisir!

II.

Tu te trompes, héros du travail populaire;
Le vrai maître du monde est celui qui l'éclaire,
Et César, qui d'un geste auguste et souverain
Porte le glaive d'or ou le sceptre d'airain,
N'est pas plus grand aux yeux du poète et du sage
Que ce prêtre arrêtant deux enfants au passage
Et leur montrant, avec un regard paternel,
D'une main un vieux livre et de l'autre le ciel!

H. DE BORNIER.

FIN.

www.ingramcontent.com/pod-product-compliance
Ingram Content Group UK Ltd.
Pitfield, Milton Keynes, MK11 3LW, UK
UKHW021029180726
13838UKWH00004B/1694